222 ERLEBNISSE FÜR WEIBLICHE SINGLES

BUCKET LIST
FEMALE SINGLE EDITION

LUCAS SOMMER

BUCKET LIST VERLAG

IMPRESSUM

Bibliografische Information der Deutschen Nationalbibliothek
Die Deutsche Nationalbibliothek verzeichnet diese Publikation
in der Deutschen Nationalbibliografie; detaillierte bibliografische
Daten sind im Internet über http://dnb.d-nb.de abrufbar.

ISBN: 978-3-947817-03-0 (Taschenbuch)

1. Auflage: September 2018

Druck: Amazon Media EU S.à r.l., Luxembourg
Author: Lucas Sommer, Hamburg

ein Imprint von sprojects UG (haftungsbeschränkt)
Barnerstrasse 28
22765 Hamburg

Wir freuen uns über Postkarten und Bilder eurer Erlebnisse

WARUM DIESES BUCH

Du bist gerade Single? Dann nutze deine selbstbestimmte Zeit um ein paar verrückte Dinge zu erleben, die du als Single einfach getan haben solltest.
Du musst dich nicht wie das dritte Rad am Wagen fühlen! Habe Spaß, genieße deine Freiheiten und nutze deine Möglichkeiten als Single. Irgendwann kommt er, der richtige Partner an deiner Seite zum Kuscheln und zum Liebhaben.
Bis dahin solltest du deine Zeit nutzen. Erfinde dich neu, probiere Dinge aus, die du noch nie getan hast, tritt aus deiner Komfortzone heraus und genieße deine Zeit. Die Zeit mit dir, deinen Freundinnen und natürlich auch mit dem einen oder anderen Date.

Wir haben in unserem Buch viele neue Ideen, kreative Inspiration und positive Herausforderungen für dich gesammelt. Es warten viele Erlebnisse bei denen du das Leben mit viel Spaß und Abenteuer genießen kannst. Am Ende des Buches kannst du unsere Vorschläge um deine persönlichen Erfahrungen erweitern und mit deinen Gedanken und individuellen Ideen ergänzen.

Es ist dein Leben ob du gerade einen Partner hast oder nicht – genieße es!

Sammle Erfahrung

Vertraue dir

Genieße dein Leben

Liebe dich selbst

Verschiebe deine Komfortzone

ENTDECKE WAS DIR SPASS MACHT

you're amazing

Lerne die Welt kennen

ENTDECKE ETWAS NEUES

Genieße deine Single-Momente

BLEIBE AKTIV UND FIT

LACHE MIT DEINEN FREUNDINNEN

"Ich gäbe sonstwas für einen Mann, der stark genug ist, um mich zu fangen."

Carrie Bradshaw

Los geht's

1. Küsse mit einer fremden Person

☐

2.

Stelle dich beim Flirten mit falschem Namen und falscher Geschichte vor

☐

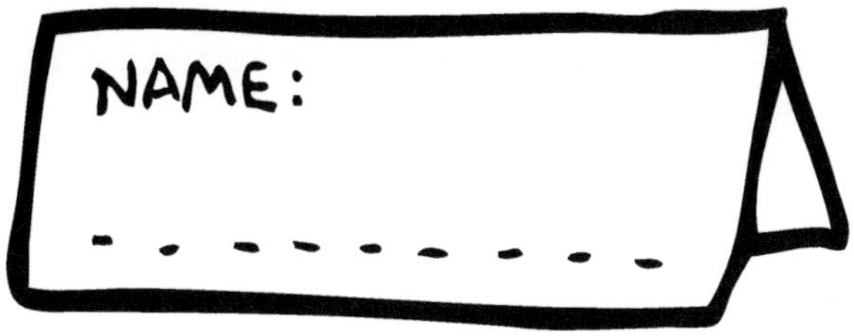

3. Plan dir Zeit für dich ein

☐

4.

Stelle dich bei deinem neuen Single Nachbarn vor

Wie heißt er? Interessant oder "nur" der Nachbar?

5. Nimm ein entspanntes Schaumbad und lasse es dir mit einem Champagner gut gehen

6. Kaufe dir ein Wasserbett

7.

Sag dem Barkeeper " Überrasch mich"

☐

8. Wünsch dir bei einem Straßenmusiker ein Lied und bitte einen Fremden mit dir zu tanzen

☐

9. Sei im Club die Erste und die Letzte auf der Tanzfläche ☐

10. Springe in das Foto einer heissen Männergruppe die gerade ein Foto macht

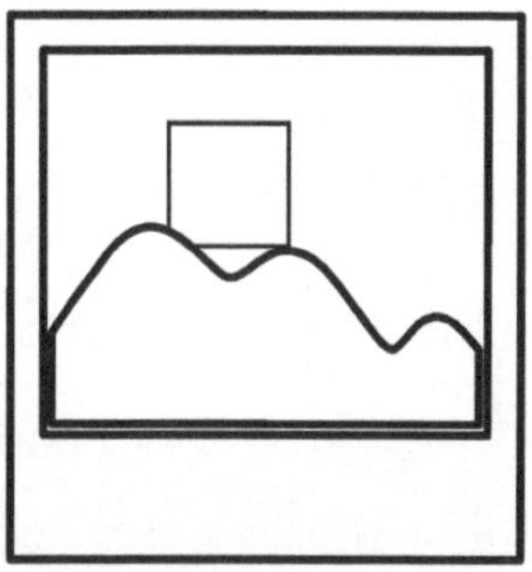

Hast du das Foto?
Wie viele Nummern hast du?

11. **Esse ein riesiges Eis und habe kein schlechtes Gewissen**

12. Mache zu Hause einen Single Netflix Abend

13.

Gib dem heißen Gegenüber von Starbucks deine Nummer statt deinem Namen

14.

Organisiere ein Date mit jemandem der genau NICHT dein Typ ist

☐

15.

Gehe am Wochenende ohne Unterwäsche raus

16. Winke einem Fremden am anderen Ende des Raumes zu

☐

17. Suche dir eine coole Stammbar wo dich jeder kennt

☐

18. Sage einem Typen dass er heiß ist ☐

19. Sage deinem Ex dass er es nicht ist ☐

20. Miete dir ein heißes Cabrio und zeig dich

☐

21. Buche dir ein männliches Model und lasse von ihm dein Auto waschen

☐

22. GEHE ZUM SPEEDDATING

☐

23. Schmuggle dir eine Flasche Wein ins Kino und genieße den Film ☐

24.

Nimm Tanzunterricht und zeig im nächsten Club deine neuen Sexy Dance Moves

☐

25. Gehe im Kostüm zu einer Nicht-Kostümparty

☐

26. Kaufe dir einen hochwertigen Vibrator

☐

27. Verbringe eine Nacht im 5 Sterne Hotel ☐

28. und bestelle dir den Zimmerservice ☐
29. öffne nur in Unterwäsche ☐

30. Singe so laut du kannst unter der Dusche

☐

31. Trage eine sexy Perücke in der Öffentlichkeit

☐

32.

Überzeuge Fremde auf Instagram dass du mit einer Berühmtheit verwandt bist, um mehr Follower zu gewinnen

☐ #famous

33. Tanze auf dem Tisch

☐

34. Organisiere ein Kaffeekränzchen nur für Singles

☐

35.
Spendiere einer anderen Single Lady einen Drink und gewinne Freunde statt Männer

☐

36. Bleibe einen ganzen Tag im Bett

☐

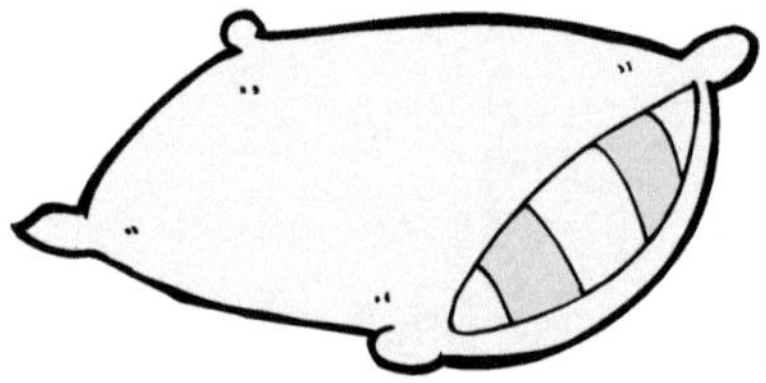

37. Freunde dich mit deinem Taxifahrer an

☐

38. Trage sexy Kostüm und High Hells zur nächsten Party

☐

39. Werde eigenständig und unabhängig

☐

40.
Mache den ersten Schritt zum Kuss

☐

41. VERREISE ALLEINE

☐

42.
Versuche es mal mit Tinder, Lavoo oder Parship

☐

43.

Werde fit und gehe regelmäßig zum Sport

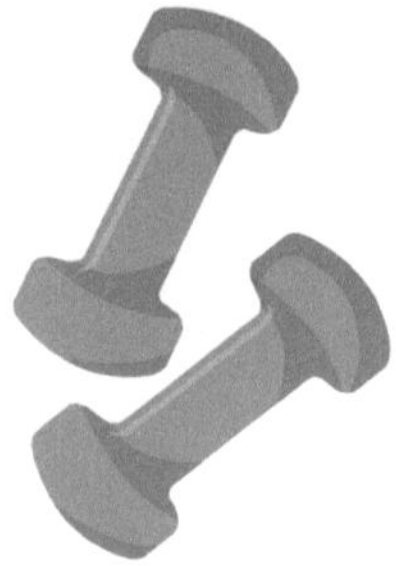

44. Lade deine Oma zum Kaffee ein

45.Besuche einen Poetry Slam

Tausche das Bett gegen:

☐ **46. Das Auto**
☐ **47. Die Waschmaschine**
☐ **48. Ein Hotelzimmer**
☐ **49. Ein Zelt**
☐ **50. Ein Kornfeld**
☐ **51. Einen Whirpool**
☐ **52. Eine Dusche**
☐ **53. Ein Parkhaus**
☐ **54. Eine Umkleidekabine**

55.

Verbringe ein SPA Wochenende mit deiner besten Freundin

☐

56.

Veranstalte eine Singleparty bei dir zu Hause inkl. Stripper

☐

57.

Setze dich im Restaurant einfach mit "dazu"

☐

58.

MACHE EINEN MÄDELSABEND MIT DEINEN FREUNDINNEN

☐

59. Erobere deine Stadt und finde heraus was du vorher noch nicht wusstest

☐

60.

Startet eine neue Gewohnheit

61. GESTALTE DEINE WOHNUNG KOMPLETT NEU

Was willst du verändern?

62. Gehe alleine wandern

63.

Nimm an einem sportlichem Wettkampf teil

Wo bist du angetreten?
Welchen Platz hast du gemacht?

64. Besuche alleine ein Festival

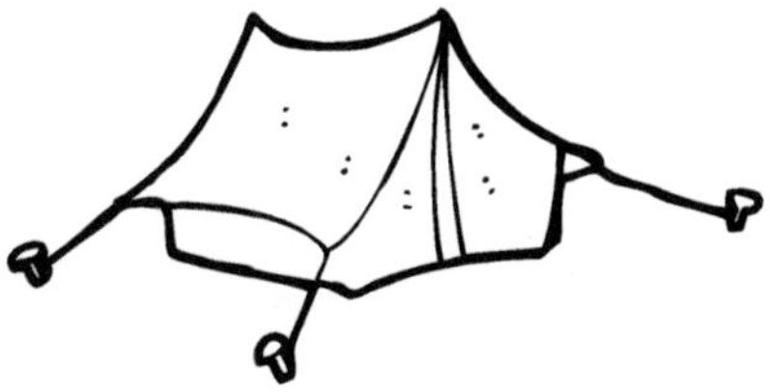

65.
Erlebe ein Date mit einem deutlich jüngeren Mann

66. Besuche nochmal den Ort
an dem du das erste Mal geküsst hast

☐

67. Gehe auch mal ein Risiko ein

☐

68.

MACHE URLAUB MIT DEINEN BESTEN FREUNDINNEN

Gehe auf Weltreise

70.
Lasse deine Freunde den perfekten Typen für dich suchen

☐

- ☐ 71. Such dir einen besten Freund
- ☐ 72. und "Friendzone" ihn

73. TANZE AUF EINEM ÖFFENTLICHEN PLATZ

Zuschauer? Egal, einfach mal machen!

☐

74. Lerne deinen Körper kennen

☐

75.
Kaufe beim Shoppen mal ganz andere Dinge und probiere einen neuen Style aus

☐

76. Veranstalte eine Dildoparty

☐

77.

Miste mal deine Sachen aus

Weg mit dem Kram den du nicht mehr brauchst:

-
-
-
-
-

78. Führe eine Liste über deine Männer!

Was in der Liste steht? Das überlassen wir deiner Phantasie!

☐

79. Gönne dir was! Wie wäre es mit einer neuen Tasche?

☐

80. Feiere bis es draußen wieder hell wird

☐

81.
VERBRINGE EINE STUNDE IN EINEM FAHRSTUHL UND SCHAU WER INTERESSANT IST

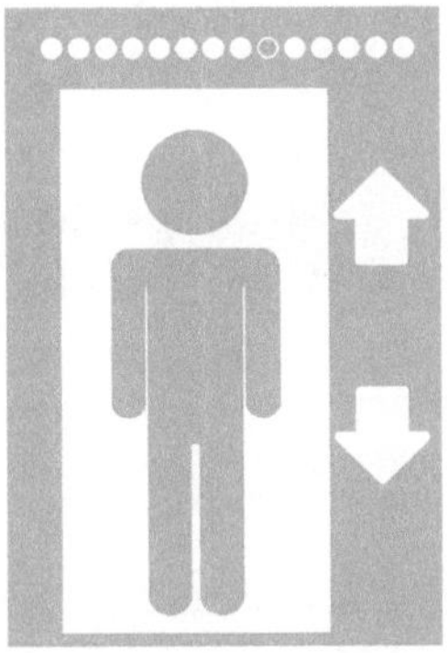

WEN HAST DU GETROFFEN?

____

____

____

____

82. Gebe eine Woche kein Geld aus und lebe von Luft und Freiheit! ☐

83. Nutze 24 Stunden dein Telefon nicht

☐

84. Gehe zu einem kostenlosen Konzert und genieße die Musik

☐

85. Lass dir morgens von deinem ONS Frühstück ans Bett bringen!

oder lieber doch nicht?

Falls er wirklich mega süß ist oder einfach nur mega häßlich, du brauchst auf jeden Fall ein Photo

86. Hab Sex mit einem Unbekannten

Kein Name, Keine gemeinsamen Freunde,
Kein "miteinander bekannt" machen

☐

87.
Mache einen Tag lang Fotos von allen Dingen die du sieht und erlebst

☐

88.
Genieße den Sonnenaufgang und den Sonnenuntergang an einem Tag

☐

89. Gehe nackt baden. Hast du vielleicht jemanden den du mit nimmst und überraschst?

☐

90.

Poste von jedem Date ein Foto für die nächsten 6 Monate

☐

91.

Verabrede dich eine Woche jeden Abend mit einem anderen Date zum Essen

☐

92.

Werde Mitglied im Mile High Club

☐

93. Betrinke dich mal tagsüber einfach weil du es kannst

☐

94. Beschimpfe den heißen Polizisten und lass dich von ihm mitnehmen...

☐

95.

Sei eine gute "Wing Woman" es geht nicht immer nur um dich ...

☐

96.

Fange den Brautstrauß auf einer Hochzeit

97.

Sex am ersten Date

98. Besuche einen Yoga-Kurs

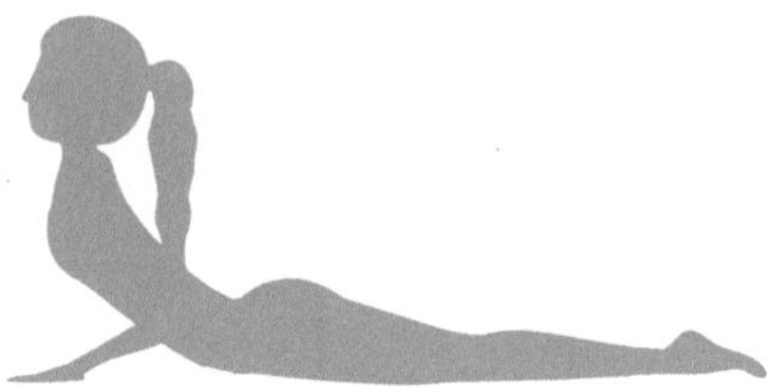

99. Mache eine Liste all deiner "Macken"

100.

**Es gibt diese eine Sache,
die absolut unnötig und nutzlos ist
und du wolltest sie immer schon
haben?**

Kauf sie!

☐

101. Baue ein Ikea Regal alleine auf

BILLY

KALLAX

PAX

HEJNE

102. ERLEBE EINEN CHRISTOPHER STREETDAY

103. Verabrede dich mit einer Freundin zu einem Doppeldate

104.
Date auch die wirklich komischen Typen, die anderen sind danach plötzlich viel besser

105.
ÜBERLEGE DIR EIN PAAR WIRKLICH VERRÜCKTE GESCHICHTEN FÜR DEIN ERSTES DATE

☐

106. Spiele mit den Jungs Bierpong

☐

107. Sei die Trauzeugin

☐

108.

Was gefällt dir nicht an dir selbst?

Schreib es auf und ändere es

109. Veranstalte einen Single Spieleabend

☐

110. Pimpe deine Social Mediaprofile und mach dich interessanter

#sexy#single ....

☐

111.
Gönne dir eine Wellnessmassage

☐

112.

Gehe zum Karneval
hier ist offiziell jeder
Single

☐

113.
Verabrede dich mit der Empfehlung deiner besten Freundin zum Blinddate

☐

114.

Kauf dir einen riesigen Berg Schokolade und sei die glücklichste Frau der Welt

☐

115. Zeige deinem Date wofür dein Küchentisch noch "gut" ist

☐

116. Verabrede dich mit drei Dates an einem Tag

117.

SCHREIB EINEN BLOG ÜBER DEIN SINGLE LEBEN

ERSTE IDEEN:

118. Entdecke ein neues Hobby

Was bringt dir Spaß?

119.
Hab Sex an einem ungewöhnlichen Ort

☐

120. Ein Nutellaglas, ein Löffel, ein Tag

Das wirst du doch schaffen oder etwa nicht?

☐

121.
Mache eine Bar- und Restauranttour

Wie war der Abend?

____

____

____

____

122.
Zeichne deinen Traummann

123.

Wie sollte er sein? Welche Eigenschaften sollte er haben?

124.
Verteile einen knallharten Korb

☐

125. Verschwinde nachts heimlich aus einem fremden Bett

☐

126. Sitze auf einer Hochzeit am Singletisch

☐

127. Verschicke eine Flaschenpost an deinen Traummann

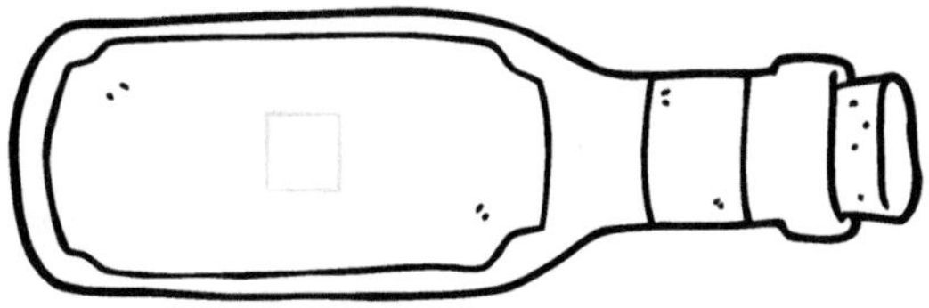

128. Triff deine erste große Liebe wieder...

129. ...oder finde Sie

130.

Gibt deinen vergebenen Freundinnen ein paar Beziehungstips :-)

☐

131. Lasse doch mal alle Haare wachsen

oder doch lieber waxen?

132.

Einfach mal ganz alleine feiern gehen

Celebrating yourself

133. Healthy Food und ein Jahr kein Fast Food

134.

Mach eine Liste der Restaurants in die du gerne mal möchtest

☐ **Das nächste Date kommt bestimmt**

135.

Wirf dich einen Tag lang an jeden ran der dir in den Weg kommt

☐

136.

Lasse dir bei der Wahrsagerin die Zukunft voraussagen

Wie soll deine Zukunft aussehen?

137. Nimm an einer klassischen "Singlereise" teil

☐

138.

Lerne dich selbst zuverteidigen

☐

139.

NEUE FRISUR? NEUER MENSCH!

☐

140.

Kaufe dir selbst einen riesigen Blumenstrauß

141. Du hast keine Lust auf eine Beziehung? Wie wäre es mit F+

Wer kommt in Frage?

☐ ---

☐ ---

☐ ---

142.

NIMM AN EINER WEINVERKOSTUNG TEIL UND SCHAU MAL WAS DER ABEND SO BRINGT

☐

143.

Was spricht gegen eine richtig gute Maniküre im besten Salon der Stadt? Nichts!

☐

144. Erstelle dir deine Liebslingsplaylist auf Spotify

☐

145. Gehe eine Woche jeden Tag shoppen

#verkaufsoffenerSonntag

146. Feiere den Tag der Singles am 15. Februar jeden Jahres

147. NUTZE
DEINE ZEIT OHNE PARTNER UM.......

148. MACHE EINFACH MAL JEMANDEM EINE FREUDE

☐

149.

Sei spontan! Einfach das nächste Reiseziel erst am Flughafen erfahren, der nächste freie Flug ist deiner

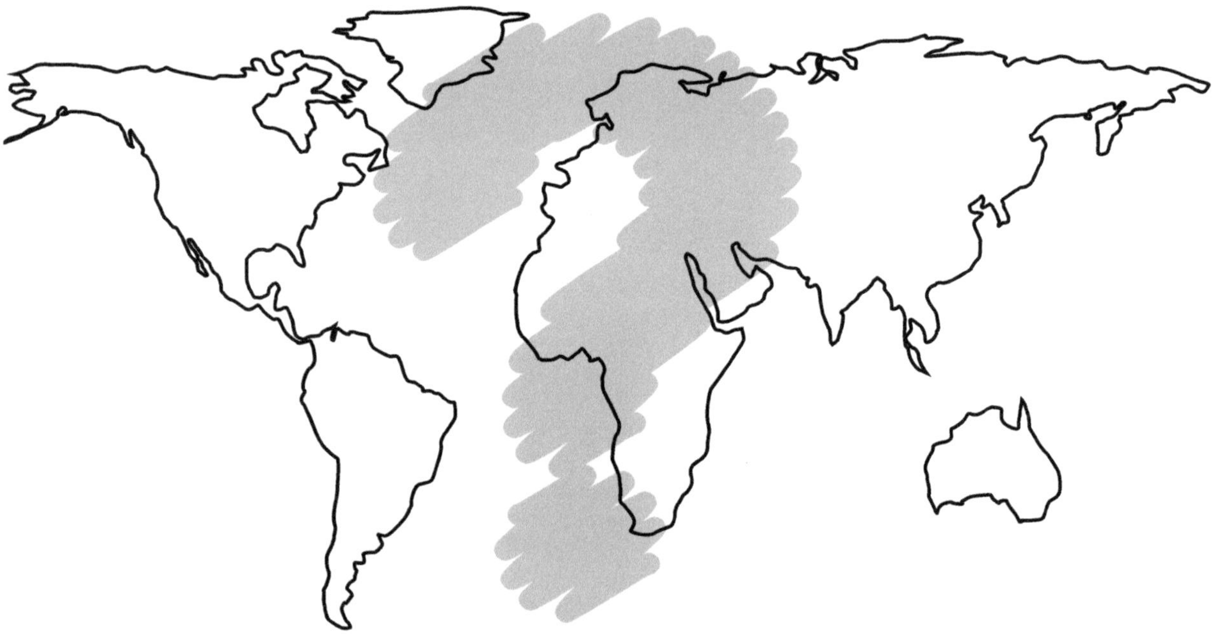

Wo warst du?................

150. Schreib einen Brief von deinem Single-Ich an dein Pärchen-Ich und kläre kurz wie du in einer Beziehung auf keinen Fall sein möchtest......

151.

Versuche dein Date in weniger als 20 Minuten zum ONE NIGHT STAND zu machen

Geschafft in [ ] Minuten

152. Kein Partner in Sicht dann nimm doch einfach mal deine Mama als Reisepartnerin

☐

153. Lass deine beste Freundin für dich einen Monat lang deine Dates organisieren

154.
Gehe einfach mal zelten

☐

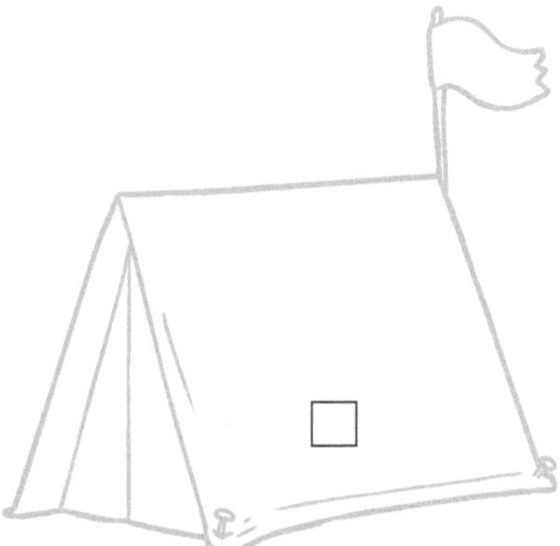

155.

Kämpfe auf dem San Vino Weinfest

Du benötigst eine Wasserpistole oder besser Zwei.
Rotwein brauchst du auch aber den bekommst du vor Ort ;-)

☐

156. Mache eine Single Filmnacht und schaue dir deine 5 Lieblingsfilme an

1.____________
2.____________
3.____________
4.____________
5.____________

157. Fülle dich selbst mit deinem Lieblingsgetränk ab ☐

158. Übernachte unter freiem Himmel

☐

159.
Versöhne dich mit deinem Ex!

☐

Die Idee stellt sich als dumm heraus und du stellst fest; Dein Ex ist und bleibt ein Idiot! Dann mache gleich mit 160. weiter....

160. Ruf den besten Freund deines Ex an- Trefft euch!

☐

161. Besuche einen FKK-Strand

162. ERSTES DATE IM SEXSTORE

165. Sammle Komplimente

Notiere alle Komplimente der letzten Woche

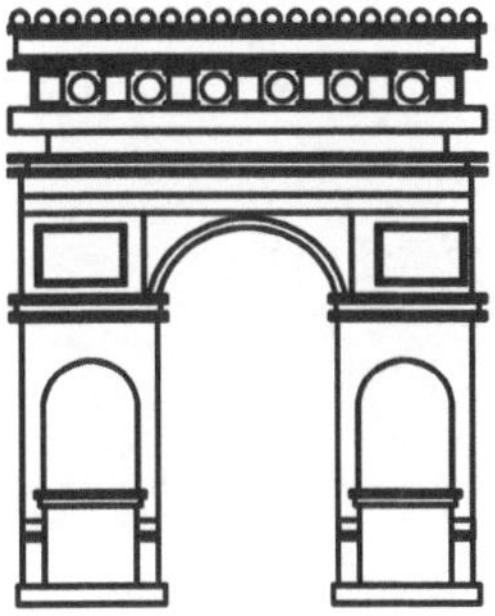

166. Erlebt Paris

Paris lässt sich auch ohne feste Bindung genießen!

Je suis célibataire

Olen yksinäinen

I'm single

167. Lerne "ich bin Single" in 10 Sprachen

Estoy soltero

sono single

...

168. Fahre mit deinem Daten spontan ans meer und seid zum Sonnenaufgang dort

169. Erkläre deinen Eltern das das so gewollt ist und dein Ex wirklich nicht der Richtig war

☐

170.

ERFINDE DICH NEU! WIE WÄRE ES MIT EINER ANDEREN STADT, EINEM NEUEN JOB UND KURZEN HAAREN STATT ZOPF ODER EINEM TATTOO

☐

171.
Du brauchst jemanden der in deinem Bett schläft? Wie wäre es mit deinen Kuscheltieren aus der Kindheit ☐

172. Du hast diesen super heißen Arbeitskollegen... Sprich ihn an!

☐

173. VERANSTALTE EIN SINGLE STRIP-POKER-EVENT

☐

174. Einfach nur du und ein gutes Buch

☐

175. Lerne 3 Zaubertricks mit denen du jeden Typen verzauberst

☐

176. LÄCHLE EINEN FREMDEN TYPEN AUF DER STRASSE AN

☐

177.

Engagiere dich für deine Umwelt und den Planeten

☐

178. Sammle mindestens fünf Telefonnummern am Abend

☐

-
-
-
-
-

179. Kenne deine Fake Nummer aus dem Kopf

☐

180.
Erkenne den Unterschied zwischen Einsamkeit und Alleinsein

☐

181. Ändere deine Gewohnheiten und habe mehr Spaß im Leben

☐

182. SCHREIBE EIN BUCH ÜBER DEN PERFEKTEN MANN

☐

183. Schreibe dir selbst kleine Liebesbotschaften und verstecke diese zwischen deinen Sachen

☐

184.

SCHNAPP DIR DEN SCHÄRFSTEN TYPEN IM CLUB UND NIMM DIE NEIDISCHEN BLICKE DER ANDEREN LADIES MIT

☐

185. Gehe mit deinen Mädels zu einer Karaoke Night

☐

186.

Befestige ein Schloß an einer Brücke mit Hinweis "Single" und deiner Nummer

☐

Wo hängt das Schloß?

187.
Verabrede dich mit zwei Typen zum gleichen Zeitpunkt am gleichen Ort

188.
Vermiete dein Sofa oder ein Zimmer bei AirBnB und mache dir so dein Date klar

189.
Leih dir von deinen Freunden einen Hund aus und schau mal wie einfach du angesprochen wirst

190. Spendiere dem Menschen hinter dir in der Cafeshop-Schlange ein Getränk

191. Meditiere regelmäßig

☐

192. Werde mit deinem Hobby zum Social Media Star

Poste einfach mal alles zu deinem Hobby. Du kochst gerne dann stelle die Bilder deiner Gerichte online...

193. Liebe dich selbst!

Du bist großartig!

☐

194.
Stöbere den ganzen Tag in deinem Lieblingsbuchladen

☐

195. EINFACH MAL TOTAL UNGESCHMINKT AUF EINE PARTY GEHEN ☐

196. Lerne surfen, kitesurfen oder eine andere coole Sportart mit heißen "Lehrern" ☐

WAS HAST DU GELERNT UND WEN HAST DU GETROFFEN?

____

____

____

____

197.

Buche dir ein Fotoshooting und lasse professionelle Bilder von dir machen

☐

198. Nimm deinen Rucksack und starte ein mehrtägiges Solo-Abenteuer

☐

199. Kaufe dir sexy Unterwäsche

☐

200.

Tue Dinge von denen du denkst das sie blöd oder unanständig sind

201. Organisiere eine Geburtstagsparty für deine beste Freundin und lade dir selbst ein paar heiße Typen ein

☐

202. Schaue spontan was heute Abend so los ist in deiner Stadt

Egal ob, Festival, Kunstausstellung,Food Truck Festival oder Stumfilm Ausstellung raus mit dir!

☐

203.

Tue etwas was du noch nie zuvor getan hast.

Was könnte das sein?

204.
Denke dir ein paar verrückte Dating Ideen aus

205. Tue etwas Gutes

☐

206.

BESORGE DIR EINE GUTE "WING WOMAN"

☐

207. Halte Ausschau nach dem Prinzen

☐

208.

Gehe eine Beziehung mit deinem Fernseher ein

☐

209.

Ändere deine Routine und baue mehr Abenteuer ein

☐

210. Hab ein Date im Riesenrad

☐

211.
Trete aus deiner Komfortzone heraus

Was macht dir Angst, vor was hast du Respekt? Jetzt ist eine gute Zeit über seinen eigenen Schatten zu springen

212.
Probiere eine typische "Männersache"

213. Organsiere einen Kochwettbewerb mit anderen Singles

7 Tage, 7 Singles! Möge der Beste gewinnen!

Gewinner Single/Essen:

214.
Gehe allein in die Sauna

215. Nimm dein Date mit zu einem Picknick

216. BESUCHE ALLEINE EINE COMEDY SHOW UND LACHE BIS DU BAUCHSCHMERZEN BEKOMMST

217. Schaff dir ein Haustier an. Wie wäre es mit einem Babyhund oder eine Katze?

218.

Fahre einfach mal heimlich in den Urlaub ohne es jemandem zu erzählen

☐

219.

SCHREIB EIN TAGEBUCH ÜBER DEIN SINGLELEBEN

☐

220. Verlose auf Facebook ein Abendessen mit dir

☐

221.
Suche dir einen festen Partner

live
laugh
love

222.

Ergänze diese Bucketlist

um deine persönlichen Ziele und Ideen

222. - 500.
du liebst dein Singleleben dann ergänze unseren Ideen

"Man erzieht uns in dem Glauben, dass die wahre Liebe nie den einfachen Weg nimmt. Es müssen sich immer im 2.Akt Hindernisse auftun, bevor man im 3.Akt zum Happy End wieder zusammenfinden darf."

Sex and the City

"Das Leben wird nicht an der Zahl unserer Atemzüge gemessen,
sondern an der Zahl der Momente,
die uns den Atem rauben."

Maya Angelou

egal ob Single oder nicht

Printed in Poland
by Amazon Fulfillment
Poland Sp. z o.o., Wrocław

79387315R00067